그림자 따라가기

이현원 시집

月刊文學 출판부

시인의 말

문학과 인간은 한 몸이기에〔文人不二〕 문학이란 도수 높은 안경을 쓰고 있다. 안경 속으로 비치는 인간의 본질과 실상을 바라본다.

알맹이를 찾는 일이 양파 껍질을 벗기듯 눈물과 아픔이 따르는 작업이라도 안경을 벗지 못하고 있다. 내 삶을 지탱시켜 주는 원동력이기 때문이다.

2016년 늦은 여름

이현원

차례

부러진 날개 2

방랑객 3

미완성 그림 4

북소리 5

| 작품해설 |

1

원과 사각형

사물 보관함

나의 사물함에
불행을 가두었다

밖으로 못 나오게
그를 묶고 싶지만

잠시 보관하다
풀어주기로 했다

날개 달린 행복을
담아두기 위해서.

원과 사각형

원의 조상은 사각형
네모가 오랜 풍상에 진화하였다

자신을 지키려는 모서리들의 저항
수천 년 파도에 둥글게 마모되었다

동그라미 꿈꾸는 네모의 반란
사각의 끈질긴 유혹도 허사였다

표면에 모서리가 없는 원은
네모의 몸부림 흔적을 감추고 있다.

물음표

가슴 깊이 간직해온
물음표를 꺼내 그 속을 들여다 본다
무엇이 들어있는지 보기 위해서다
동그란 열쇠고리나 짱구머리 모양 그를
뒤집어 보고 거꾸로 보고 돋보기로 크게 봐도
어떠한지 도무지 알 수가 없다
대답 없는 물음표는 두뇌도 있고 입도 정상이다
물음표에 물을 주면 콩나물같이 쑥쑥 자라겠지
성장촉진제까지 섞어서 물뿌리개로 매일 물을 주어
자란 다음 해부를 해보면 시원한 답을 얻을 수 있을지 몰라
병균을 키워서 현미경으로 집어내는 것처럼
어떤 열차를 타고 어느 목적지를 향해 가고 있는지
언제 그것을 알 수 있을까
허수아비같이 그냥 팔만 벌리고 서서
몇 백년 몇 천년을 허송세월 보내 왔는데
앞으로 얼마나 가슴에 두고 속앓이를 해야 하나
평소 물음표를 밟고 지나가던 사람들
누군가 답답함을 견디지 못해
조급하게 물음표를 죽일지 모른다

물음표가 죽으면 궁금증도 같이 땅에 묻힌다
물음표 없는 세상은 로봇만 사는 천지가 되는 거다
어두운 세상을 더듬는 청맹과니가 되는 거다
아직 물음표가 살해됐다는 소식은 들리지 않는다
그는 내 가슴 속에서 아직도 숨을 쉬고 있다.

눈동자가 통장에 박혀

통장의 마이너스 대출은
삶이 뒤로 가는 흔적이다
통장을 찍어보고 알았다
그것은 무능력자의 표시인 것을
그림자 구겨지고
영혼은 도망치고 있었다

집을 늘리는 것과
통장에 돈 쌓이는 재미로 산다는데
은행 옆을 지나가려면 어깨가 처진다
몰래 통장을 꺼내본다
마이너스 터널에서 나가고 싶듯이
눈동자가 통장에 박혀 있었다
언제보아도 마이너스 훈장이 반짝거린다
죽을 때까지
마이너스가 달라붙을지 몰라
영零이란 오르지 못할 산이
먼발치로 희미하게 보인다

두 팔을 뻗어 외쳐본다
하늘, 땅, 바다, 구름은 내꺼다!

두레박

우물물 길어 올리는 일
대가도 불평도 없이
천직으로 봉사한 지 십여 년

다이빙과 수영 기술 뽐내며
너덜거리는 밧줄 하나에 목숨 걸고
무거운 짐 실어나른다

오르내림 따분함 속에
물장구치며 멱감는 놀이가
땀방울 씻어주는 한 가닥 위안이다

풀섶 소파에 누워 잠시 쉴 때
먼 산 노루를 좇으며
고향 잃은 나그네같이 바라본다.

나이테는 고장난 축음기

나이테는 고장난 축음기 같아서
노랫소리가 들렸다 안 들렸다 한다
가운데 그려져 있는 동그라미에선
철부지 아기 옹알거리는 소리가 나고
가장자리 노인네 주름살에선
구성진 가락이 장단을 맞추고 있다
갈라진 틈은 눈물이 흘러내린 자국
물결같이 일렁이는 검붉은 치마폭에
속을 토해낸 그의 응어리를 말리고 있다
끊어질듯 이어지고 이어졌다 끊어지는
한 평생을 기록한 마이크로 필름
한숨도 웃음도 지난 일이다
아무 일 없었다는 듯 그루터기엔
두 동강 난 설움이 돋아나온다
지금은 헤어져 덩그러니 나뒹굴고 있는
출가한 자식처럼 돌아선 연인처럼
다시 만나 포옹은 없을 것이다
나는 팔을 뻗어 그들을 한 데 묶으려다
손을 거두어 주머니에 집어넣는다
꿈속나라 거니는 그들이 깨어날까 봐.

허수아비

누더기 옷 입고 서 있기를
좋아하는 사람 아무도 없다
하루종일 우두커니 팔 벌리고 있지만
사람의 탈을 쓰고 치마랑 바지 걸치고
가장행렬 하는 그들을 구경하고 있다
그러면서 고개 숙이지 않는다
나는 진짜 옷을 입고 있지 않느냐

장승처럼 우두커니 서 있기를
좋아하는 사람 아무도 없다
오가는 길에 사람들 눈요기 되고 있지만
밤낮으로 등불을 켜고 찾고 있다
거짓 옷에 감추어진 인간이 있는가를
나는 그들에게 물어본다
정말로 어디 있느냐 허수아비는.

파도

파도가 철썩거리며
하루종일 바윗돌에 부딪치는 것은
태곳적부터 있어온 작은 일일 수 있으나
몇천 번 반복하는 프러포즈에도
꿈적하지 않는 그대가 언젠가는 가슴을 열고
나를 받아주어 녹아내릴 때를 기다리며
바윗돌에 몸을 던지는 것이다

온몸이 가루가 되고
넋마저 산산조각 나더라도
그대에 대한 일편단심 흔들리지 않는다
태풍이 불기 시작했다
내 몸은 쓰나미 되어 당신을 삼키려 한다
점령군 같은 폭력은 싫다
언젠가는 잦아들 것이다
부드러운 손길로 어루만지며
서로 포옹할 때가 올 것이다.

신발을 어둠속에 벗어 놓고

하루종일 쫓기다
겨우 다다른 안식처
더는 뒤로 밀리지 않으려고
버얼건 얼굴로 밤의 문을 막고 있다

낮부터 나뒹구는 쓰레기들
범죄와 폭력의 쓰나미에 무너진 제방
갑의 칼춤 아래 스러지는 을의 낙엽
황금만능 신이 배설한 냄새
온몸을 던져 가려준다

그녀가 뱃속에 꿈틀대는 밤에게
오염 안 된 유산을 물려주기 위해
이슬같이 마알간 먹이로 젖줄을 채우려고
지구 밖 구석구석을 헤매고 있다

눈부셨던 젊은 시절 추억
이제 붓으로 덧칠하고
높낮이 없는 세상을 위해

신발을 어둠속에 벗어 놓고
상처난 육신을 눕힌다.

장승

팔다리 잘리고
칼로 긁히는 건 기본이다
망치로 두들겨 맞고
마을 어귀에 말뚝처럼 매어 있는 것도
인내가 필요했다

하루종일 부동자세로 서 있거나
면벽수도승처럼 참선을 하기도 했다
흘러가는 흰 구름 바라보면서
조물주를 원망하지는 않았다

그래도 사모관대 쓰고
분발라 맵시를 내고
때때로 날 찾아와 허리 굽히는 이 있어
그나마 위안이 되었다

천둥소리만 나도 허둥지둥
간이 콩알만 해지는 너희들
가면을 쓰고 오가는 모습을

나는 은밀한 미소로
내려다보고 있다.

연필

나는 잠자고 있는 게 아니다
잠자는 척하고
잠시 쉬고 있을 뿐이다
길게 누워 있기도 하고
때론 서서 눈감고 있기도 한다

나의 귀에
몸이 바지랑대처럼 말랐다고
키가 쪼그매 쓸모없어 버려야겠다고
쓴소리 단소리 들리지만
못 들은 척한다

내가 긴 휴식에서 깨어날 때는
까맣고 긴 똥을 백지 위에 싸기 위해서다
모아 놓은 힘 다해 짜내는
나의 냄새 없는 배설물은
어둠 밝히는 등불이 된다

가끔 내가 실수를 하여

싸기를 잘못해 치울 때는
전담 미화원이 따로 있다
등에 업힌 동무
금세 달려와 치워주는
지우개라는 해결사 짝이 있다.

지하철 손잡이

잠깐 머무르다 떠날
인연이지만
헤어지지 말자
힘껏
껴안는다

네가 미워지지 않음은
주정뱅이 소매치기
모두 다 품어주는
너의 넉넉함 때문이다

뭇 사람들 오가는
가림의 공간은 없지만
부둥켜안은 몸 놓기 싫어
마디마디 손자국을
삼각 팔찌에 새겨 놓았다.

스마트폰

한시라도 피조물임을
잊지말아야 했다
선악과 따먹은 죄
나만 보면 범죄자 취급이다
시간 장소 가리지 않고
알몸 수색에 수시로 두들겨 맞는다
무관심의 늪에 빠져있는 인간들
한갓 희롱으로 상처 아물 날 없지만
내가 주인 될 날 있기 때문에
눈 질끈 감고 순종하는 이유다.

길

길은 인생이다. 아기가 태어날 때 길을 통해 병원 가고, 어머니 자궁 산도를 통해 세상을 만나 고고의 성을 울린다. 사람이 죽을 때도 길을 통해 병원엘 입원한다. 운명을 하면 길을 따라 북망산도 가고 화장터로도 간다. 사람이 죽으면 천국이나 지옥으로 가야할 때도 갈래진 길을 따라간다. 환생이든 윤회이든 업보나 인연이란 길을 떼어서 생각하기 어렵다. 인간의 모든 삶이 길로 연관이 되고 길을 통해서 모든 역사도 이루어진다. 길은 인생의 알파요, 오메가다. 길은 살인, 강도, 폭력, 교통사고가 일어나는 악마의 얼굴이기도 하고, 연인과 이산가족을 이어주고 삶의 터전을 오가며 생계를 꾸려가게 만드는 천사의 두 얼굴이다.

2
부러진 날개

그림자 따라가기

그림자가 손을 잡아끌었다
해가 어둠을 덮고 잠자리에 들 무렵이었다
그림자는 종일 쉬지 못하고 따라다니면서
지나가는 사람들에게 짓밟히고
담벼락에 부딪혀 상처투성이 인데도
속내 감추고 팔을 끌어당겼다
내 발걸음이 어느덧 그림자 뒤를 따른다
복닥거리는 도회지에서 갈 곳이 별로 없다
아파트를 지나 근린공원 속에 있는
쉼터 원두막에 내려놓는다
피톤치드*나 한 줌 건네받고 있으란다
그리고 그림자는 가버렸다
나 혼자 할 수 있는 것이란
정자마루에 누웠다 일어났다 하는 일
넘나드는 바람에 몸을 맡겨
몇 바퀴 공원을 돌고 나니
몸에 붙은 찌꺼기들이 다 떨어져 나갔다
모공마다 입을 벌려 산소를 빨아들이고
자유의 영혼이 풍선같이 충전되었다

아내가 잠들 때 쯤
그림자는 나를 데리러 다시 오겠다고 했다
본디 몸만이 자기 것인 듯이.

* 피톤치드: 숲의 기운을 쐬는 일. 산림이 방출하는 피톤치드의 살균 효과와 녹색으로 인한 정신적 해방 효과가 있음.

개구리들 세탁소에 맡겨야

하늘에서 증류수 떠다가
이불 덮고 누워있는 구례 논
그곳에도 입이 있었다

높은 음표 확성기 타고 흐르는
개구리의 피 울음
'오염된 사람 씻어 줍니다
때 묻은 사람 빨아 줍니다
여의도 양반가는 우대합니다'

눈 부릅뜨고
거품 쏟아내며
오늘 저녁도 개구리들 울음

귀 막고 흘려버렸던 목탁 소리
개구리들 세탁소에 맡겨야 하는 세상에서
나는 산으로 가야겠다.

검은 안경을 쓰면

검은 안경을 쓰면
잘 보이지 않는 눈에 초점이 잡힌다
안경 세상 밖의 군상들
그들이 희거나 검거나
모두 거무스름한 빛깔로 보인다

이웃이 굶주려 세상을 떠나도
신주처럼 떠받치는 물신과
그 손바닥에서 노는 인형들이
검불처럼 뒹굴고 있는
무대 커튼은 미련 없이 닫혀버린다

비 오고 어둠이 짙어도 반려견처럼
나를 따라다니는 퀴퀴한 그림자마저
그 무리들 추적을 따돌리고
가로등 고장난 거리에서
갈림길 오가는 교통정리 하고 있다
검은 안경을 쓰면.

부러진 날개

육체에 짓밟혀 조각난 영혼
둥지마저 빼앗겨 허공 떠돌다
갈 곳 없어 공원 벤치 맴돌 때
상처난 그림자 따라와 눕는다

황금 송아지 교주가 된 세상
생명의 소리 담은 어음 휴지되고
가까운 손길 닿는 현찰의 유혹
명품시장 기웃거리고
성형 간판에 눈길이 머문다

얼룩으로 물든 나날
지우개로 지워지지 않고
안개 속 헤매는 영혼

부러진 날개, 그래도
비상飛上의 꿈은 꺾이지 않았다.

대설주의보는 계속되고

대설주의보가 내렸다
폭포같이 쏟아지는 눈
옛날엔 헐벗은 선비의
눈〔目〕이 되었고
이젠 세상의 티끌과 눈물을
하얀 가슴으로 덮어주고 있다

동서남북, 갑과 을
가로막은 장벽도 허물 거다
죽음의 신처럼
쓰레기를 치울 거다
위아래가 없는 지상 낙원 만들고
갈라진 틈새는 용접할 거다

그럴 것이다
경계선 없이 사는 하늘같이
사람들 사이는 벌어지지 않도록
대설주의보는 계속되고
저 눈은 출혈을 멈추지 않을 거다.

매미와 뱀의 원죄

매미는 허물 벗어도 매미고
뱀은 껍질 벗어도 뱀 그대로다
그들 태어날 때 을乙이란 이름표 달고
인권이란 사치 꿈에서나 품어본다
숲 속에 숨어 목숨 부지하거나
몸 굽히는 일에 이골 난 노예일 뿐이다

갑甲이라는 신神의 훈장을 단 인간들
황금과 권력은 거드름과 횡포의 면허증
거미줄 같은 세상 폭력으로 뚫고 다니며
사람 가면 쓰고 다니는 매미와 뱀들에게
무릎 꿇릴까 발로 밟을까

태어나면서 물려받는 갑·을의 신분
생명줄 끊어져도 해지 안 되는 종신계약
태양은 온 누리를 비추건만
법전에서 잠자고 있는 만민평등
울타리 안에 숨어 지내는 인간존엄
갑의 주먹에 눌려 오금을 못편다

우리가 남긴 발자취 후손들이 새로 쓸 역사는
갑자사화甲者賜禍, 을사조약乙死條約.

메르스 굿

동네마다 메르스 무당굿이 한창이다. 무당이 거리에 자리 깔고 신들린 듯 부채와 방울을 흔들어댄다. 훠이 훠이 메르스 귀신인지 메르치 귀신인지 물러가라고 노여움을 거두고 어서 사라지라고 소리친다. 작년에는 세월호 귀신, 이번에는 메르스 귀신. 이 땅이 어쩌다가 귀신 천국이 되었는가. 무당이 군중에게 나무랜다. 머릿속은 비었고 뱃속은 똥만 찼구나. 손가락 끝을 보지 말고 손가락이 가리키는 곳을 보라. 메르스만 보지 말고 그가 가리키는 곳을 똑바로 바라보라. 무당이 신령께 손 모아 빈다. 메르스 귀신 잡아가기 전에 황금 귀신 먼저 잡아가고 안전불감증 귀신도 잡아가라. 남의 탓만 하는 이기주의 귀신도 잡아가고 소리 없이 세상을 흔들어 놓고 의사도 손 사래치는 메르스 귀신 잡아가라.

고물 시계

시간에 떠밀려
번질번질하던 얼굴은
검버섯 주름으로 변해갔다

어둠 속에 전등불이 내리면
따라오는 구부정한 그림자
허리 감싸고 드러눕는다

누군가
벽에 걸려 있는
녹슨 시간을 주우려 할 때

안간힘 쓰며
꺼져가는 배터리를 껴안고
부르르 떨어야 했다.

한 가닥 줄에 나부끼는 깃발

과거는 묻지 않는다
피땀에 절은 노고의 댓가도 없다
굽은 허리 빈집 지키고 있는 노인처럼
때 묻고 얼룩지고 상처투성이
흐느적거리는 몸을 맡길 뿐이다

플라스틱 욕조에 온몸 누인 채
통닭구이 뱅뱅 돌리기
물고문으로 만신창이 된다
수십 번 용광로 단련을 거쳤지만
티 없는 젊은 시절로 되돌아 갈 수 있다면

구사일생 목숨 건진 후
으스러진 몸 감싸 안고
어디론가 호송차에 끌려간다
또다시 누군가를 위한 희생의 삶을 고대하며

겨우 햇볕과 바람이 있는 쉼터 만나
속박에서 풀려난 자유도 잠시

차꼬*에 묶여 되풀이되는 핍박의 세월
한 가닥 줄에 나부끼는 깃발
새로이 죽음의 화살이 날아와도
오로지 가족을 위해 산전수전 다 겪는
무릎 꿇지 않는 혼불의 표상이다.

* 차꼬: 죄수를 가두어 둘 때 쓰던 형구, 나무토막을 맞대어 그 사이에 구멍을 파서 죄인의 두 발목을 넣고 자물쇠를 채우게 되어 있음.

진공청소기의 꿈

베란다 모퉁이에 누워 있는 낡은 진공청소기
한나절 임무 마치고 쉬고 있다
먼지 쓸고 부스러기 치우는 일 잊었는 듯
표정 없는 얼굴에 눈 감고 꿈을 꾸고 있다
그의 꿈은 회오리 바람처럼 흡인력을 키우는 일이다
쓰나미나 태풍같이 모두 쓸어버리는 힘을 갖는 거다
이마에 주름살 패인 오늘까지 티끌 삼키고 핥으며
오로지 구석구석을 깨끗하게 하는 일에 신명을 바쳤건만
발길에 차이는 천덕꾸러기 신세로
언제 쫓겨날지 모르는 벼랑까지 오게 되었다
그가 신분을 보전하면서 대접받는 길은
남이 우러러보는 슈퍼맨이 되는 거
빨대를 조폐공장에 갖다 대면 돈이 빨려오고
욕심으로 가득찬 뱃속 오물도 청소할 수 있다면
범죄자나 기생충도 한 방에 없애버릴 수 있다
권력을 움켜지려면 여의도 1번지로 가면 된다
파업 일삼으며 싸움에만 열 올리는 귀족 근로자들
권력이든 사람이든 필요한 대로 빨아들이면 된다
마음먹으면 사물함에 보관중인 젊음도 빼앗아 오고

언젠가 지구를 통째로 빨아보자고 꼬드기는 사람도 나오겠지
오늘도 언제나처럼 많은 사람들의 눈에 비켜나 있는 그는
저녁노을 바라보면서 꿈을 꾸지 않는 것처럼 시치미 떼고
있다.

집주인 고르기

옛 새악시는
선 한 번 못 보고 시집 갔다
그래도 난 한두 번 선을 봤으니
그보다는 낫다고 할까
맞선이라고 처음 만날 때
뛰는 가슴 풍선같이 부풀었고
중매쟁이 허풍에는 낯이 간지러웠다
그래도 서운한 마음 한구석
주인을 택하는 예, 아니오는
결재권이 상대에게만 있으니
이건 불공정 게임이다
내가 배우자를 고른다면
돈만 아는 사람
자기밖에 모르는 사람
잘생긴 외모만 찾는 사람
시골에 있다고 거들떠보지 않는 사람
이런 사람은 아니오이다
그러나 나를 선택하는 주인은
모두 내 운명이라

군말 없이 받아들인다
몇 달이든 몇 년이든
잘못 만난 인연 다할 때까지
참고 기다릴 뿐이다
여러 배필을 맞이할 수 있는 건
몇 안 되는 나의 특권이다.

창 안과 창 밖 사이

창 안과 창 밖 사이에는
유리창이 경계를 서고 있다
있는 듯 없는 듯
그림자마저 감추고 있다
바깥의 온갖 때 묻은 사연들
살인, 강도, 성폭력 같은 범죄
정치인들의 볼썽사나운 이전투구
황금만능 물신이 썩는 냄새
온몸으로 가려준다
유리창, 그만이 아는 다른 비밀들
창 안의 인간 지킬은
창 밖으로만 나가면
하이드로 변하여 칼춤을 추다가
일그러진 모습으로 돌아오곤 한다
창 안의 로맨스는
창 밖에선 불륜의 옷으로 갈아입고
굿판 잔치를 벌린다
유리창은 언제나
입 다물고 온몸을 던져
방패막이를 하고 있다.

상생이 별거 있나

요즘 같은 불황에
새로운 가게나 차려볼까
나이 수집상을 하는거야
장사 밑천 없어도 간판 내걸고
인터넷 사이버 창고면 족해
널브러져 있는 고객들
이십년씩 나이를 빌리는 거야
비싼 보관료 받아도
그들 밤새워 줄을 서겠지
나이 빌려주는 이 젊어져서 좋고
장사하는 사람 돈 벌어 좋고
상생이 별거 있나.

외눈박이

오가는 사람들 모두가 돈키호테다
가면을 쓰고 가장행렬 하는 그들
갑옷 입고 완전무장을 했다
뚱뚱한지 깡마른지
남자인지 여자인지 종잡을 수 없다
날씨가 춥기 때문만은 아니다
그들은 두 주먹 불끈 쥐고
황소 같은 눈을 번뜩인다
품속에 시퍼런 칼을 감추고 있는지
폭탄을 숨기고 있는지 가늠하기 어렵다
갑옷 위에 새긴 암호 문자
가까이서 만져보아도
차가운 촉감만이 전해질 뿐이다
때때로 마술 부리는 그들
미소 지을 땐 천사의 얼굴였다가
험상궂을 땐 영락없는 불한당 얼굴이다
보일 듯 말 듯한 그림자들의 행진
남은 하나의 눈마저 감아야 하나.

예행연습

다시 돌아올 수 없는 길
마지막 차에 올랐다
관棺뚜껑을 열고
주름진 육신을 눕힌다
돈, 명예, 권력, 피붙이들
주렁주렁 매달린 줄을 끊고
어깨의 짐을 벗어 놓는다
초분草墳, 풍장風葬처럼
껍데기만 남아 가벼워진 몸
뚝 딱 뚝 딱
관에 못 박는 소리가
먼 산에 닿는다.

선천성 순백밝힘증

환자가 희귀병 명의가 있는 병원엘 찾아갔다. 사람들이 뿜어대는 세상의 혼탁한 공기 때문에 질식해 죽을 것 같다는 증세를 의사에게 호소했다. 의사는 환자를 침대에 눕히고 청진기로 온 몸을 구석구석 뒤졌다. '선천성 순백밝힘증 증후군'이라는 병명이 나왔다. 오염강박증세가 심하면 6개월도 살기가 힘든 병이라는 한 마디에 환자는 모기소리로 어떻게 치료하면 좋겠느냐고 물었다. 제일 특효약은 지구 밖에 나가 우주에서 사는 방법이라고 했다. 차선책으로 치료약이 있기는 하나 값이 비싸다고 했다. 그것은 우주에서 가져온 오염 안 된 산소를 흡입하는 비방秘方이란다. 환자는 살기 위해 치료를 받기로 했다. 의사는 외계에서 가져왔다는 무색무취의 산소가 담긴 링거줄을 환자의 코에다 꽂았다. 한참 만에 청정 산소를 폐에 가득 집어넣은 환자는 아슴아슴 걸음으로 병원을 빠져나갔다. 건너편 성형외과 건물에선 '마음을 성형해 드립니다' 라는 글씨가 한 눈에 들어왔다.

3
방랑객

가죽 껍질 헤집고

추위에 얼어붙은 가슴 녹이기 위해
우울한 보따리 집에 가두어 놓고
봄 마중 가려고 공원길 나선다

먼저 찾아온 봄바람이
이파리 둥지 떠나보내고
잠자고 있는 나무 흔들어 깨운다

겨우내 따스한 손길 손꼽던 그들
찔레나무 어루만져 새잎 돋우고
개나리 입술 맞추어 꽃 피운다

눈보라 견디고 어린 싹 틔우는 소리
해마다 되풀이 되는 출산의 고통도 잊고
가죽 껍질 헤집고 태어나는 옥동자여.

내 영혼 유혹하는

비 갠 일요일 오후
청담근린공원으로
봄을 만나러 갔다

김소월 정지용 박목월이
숨 쉬는 시비詩碑 동산을 지나
작은 언덕 오르는 길

아카시아 향기 쏟아지고
쪽동백나무 꽃 체취가
밀물처럼 밀려온다

방황하는 내 영혼
유혹하는 봄꽃 내음새
다투며 자랑하는데

산등성이 너머
성당 십자가
한가로이 손짓한다.

봉숭아꽃

어린 시절
시골의 꽃밭이라고는
마당 구석 한 평 남짓 텃밭과
뒷간 장독대 둘레가 전부였다

여름만 되면 누나는
온종일 꽃밭에 가서 꿈을 키웠다
봉숭아 꽃잎 따다가
저녁마다 손톱에 헝겊 싸매고
이불 뒤집어쓴 채 밤새 꿈길을 갔다

마술 부리듯
빨갛게 변해버린 아침 손톱
날마다 빨개져간 손톱 보고
공주님 손가락은 이런 거라고
보물처럼 보여주곤 했다

누나의 빨간 손톱이 부러워
나도 봉숭아 꽃잎 따서

손톱 위에 올려다 놓고
왕자님 손가락이 이런 거라고
빨개지기를 기다렸다.

쪽동백나무 꽃망울

겨울이 잠시 쉬어가는 사이
벌거벗은 쪽동백나무는
새봄을 기다리지 못해
가지마다 이슬로 꽃망울 매달았다

욕심으로 봄날을 잡아당겨
대한 절기에 혼불로 일궈 낸 꽃망울
아직도 온몸에 끓어오르는 열병
몸살을 앓는다

하나의 물방울꽃 피우기 위해
얼음장 구들에 군불 지피고
땅속으로 대롱 박아 물 끌어올려
마침내 지상의 제단에 올리는 꽃망울

구릉 넘어온 마파람이
겨울잠 자는 나무 흔들어 깨우는
짐 벗어놓고 쉬고 있다
쪽동백나무 꽃망울 바라보면서.

4월 어느 꽃피는 날

흐드러지게 피어있는
개나리, 진달래, 벚꽃을 보지 못했다면
눈을 작게 떴기 때문입니다

겨울잠 자는 나무 흔들어 깨우는
종달새 소리 듣지 못했다면
귀를 막았기 때문입니다

비바람 몰아칠 때
꽃이 떨어질까 마음 졸이지 않았다면
가슴을 닫고 있기 때문입니다

내 생애 사흘만
볼 수 있고 들을 수만 있다면
이렇게 기도하는 사람이 있습니다.

제비꽃

숨막히는 도심 떠나
들과 산자락 손에 손잡고
구름처럼 오가며 산다고 하네

풀 속에 보일 듯 말 듯
보랏빛 얼굴에 홂칠하고
까치발 들고 뽐낼 줄 모르네

벌 나비 오면 맞이하고
찾는 이 없이 홀로 있어도
몇 년이라도 기다린다네

붉은 꽃 노랑 꽃 고까옷 그늘에서
봄 가기 전 님 보고 싶다고
새살대는 눈망울로 외치고 있네.

고사리

암자의 스님은 알고 있겠지
속세 떠나 산속 숨은 뜻을

참선의 수행인가
가슴에 손 모으고
이승의 인연을 잊으려 하네

꽃 피우기 위한 몸부림도
운우雲雨의 정情도
그에게는 모두가 사치였다

외로움에 젖어 수그러진 고개
가슴에 아우러진 눈물이
부처님을 움직여
포자胞子* 씨앗이 되었네.

* 포자胞子: 배우자에 대비되는 개념으로 짝을 만나 접합자接合子를 형성하지 않고 홀로 성체로 성장할 수 있는 생식세포를 말한다. 즉 포자 발아에 의해 성체가 되는 무성생식법으로 보통 홀씨번식이라고 한다.

풀씨

싹이 트이기를 기다리고 있다
단단한 껍질을 깨고
세상 밖으로 나오기만 한다면
나의 몸은 산산조각이 나도 좋았다
붉은 벽돌로 도배한 보도블록 위에
버림받은 듯 내던져진 나
사방이 높은 담으로 에워싼 감옥 안에서
말라 죽을지 모른다
지쳐버린 몸으로 하늘만 쳐다보다가
바람에게 떠밀려 그나마
조금씩 굴러다닐 수 있었다
겨우 몸 하나 들어갈 틈바구니에
상처투성이 육신을 눕혔다
무거워지는 눈꺼풀을 비벼대며
밤마다 맺히는 이슬방울 모아
자양분을 채웠다
목마른 열기 하나로
부화를 위한 온도를 맞추면서
새싹만 트일 수 있다면
나는 죽어도 좋았다.

연꽃

진흙 길 달려와
떠난 님 기다린다
뭍을 바라보며

연지곤지 얼굴에 찍고
밤 지새우는 신부처럼

목 길게 빼고 떨군 눈물
연잎 위에 방울방울
설움이 웅크리고 있다

지쳐 녹아버린 자리
재가 된 넋이 알알이 박혀
연밥에 망부의 응어리가 맺혔다.

야생화

풀섶에 가려 보일 듯 말 듯한 점이었다

눈 비비며 들여다보니
먼지로 얼굴 화장한 난쟁이 꽃이었다
지나가는 사람 눈길 주지 않아도
누굴 기다리는지 목을 길게 빼고 서 있다

개나리 샛노랗게
진달래꽃 붉디붉게 봄날을 붓질해도
난쟁이 꽃은 성긴 하늘만 바라보고 있다

벌 나비 찾지 않아도
까치발 들고 뽐낼 줄 모른다
언젠가 너를 맞아줄 님
천 년이라도 기다릴 적에

구름아 햇볕을 가리지 말아다오.

가을 해바라기

왕년엔 그도 잘 나갔지
양지만 좇아 목 빳빳이 들고 살았는데
이제 햇볕 손짓해도 다가가지 못하고
밤낮 고개 숙이고 있는

보름달처럼 피어났던 노란 꽃잎
쪼글쪼글 주름 맺혀 오므라들고
생기 없는 파란 이파리 검버섯일 듯
암갈색 반점으로 물들었다

도란도란 어깨동무 하면서
깨알같이 매달려 재롱떨던 올안 새끼들
어른 되어 둥지 떠나가고
홀로 지키는 집, 바람만이 머물다 간다

익은자의 미덕인가
티끌 버린 수도자의 기도인가
낮은 곳만 바라보는 가을 해바라기
휘어진 허리 곧추세우면서
열반涅槃의 미소를 배우고 있다.

떠도는 검불

떠도는 검불이라고
눈물 글썽이며 보지 마세요

우린 이제까지
자양분 배불리 얻어먹고
바람결에 그네 타고
새들 노래 들으며 지냈어요

비와 폭풍에
시달린 건 지난 날
그리고 이별은
누구에게나 찾아오는 걸요

꽃 피운 시절 지우고
계절에 떠밀려 뒹구는 몸
노란색 빨간색 수의도 지어입고
작별 여행까지 한다고요.

인간들이 낙엽을 밟고

가을날 나뭇잎이 떨어지는 것은
하늘의 소식을 전해주기 위해서입니다
그들은 지나간 여름 내내
뙤약볕으로 얼굴 그을리면서
머나 먼 하늘나라 이야기를
남모르게 새겨 놓았습니다
비오고 바람 부는 사연은 노란 잎에
천둥과 벼락 치는 이유는 붉은 이파리에

이제는 땅 위를 떠도는 방랑객입니다
사람들이 복닥거리며 살고 있는 곳
혹시 낙엽에 새긴 편지를 읽어주는 이 있을까
기꺼이 나락을 헤매고 있습니다

인간들이 낙엽을 밟고 지나갑니다.

가을에 띄우는 편지

다시금 가을입니다
하늘이 뚫린 듯 퍼붓던 장마는 지나가고
올해도 해말간 가을이 다시 찾아와주었습니다
이파리 떨구면서 빈손 되어가는 나무숲 걸으며
꾸불꾸불 지나온 길 되돌아 봅니다
맨 바닥 위에 알 몸 뉘이고
구석구석 눈길을 보냅니다
어떠한 열매를 거두었는지
보람보다는 상처의 아픔이 클지라도
추억의 여행 거슬러 떠납니다
가슴 아리며 이순 고희 언덕 숨차게 넘고
황혼빛 노후가 어우러지는
이런 가을에
어두운 안경 유리를
밝은 색으로 갈아 끼우고
따뜻한 봄맞이 하듯 두 팔 벌려
산과 들 넘나드는 바람 껴안아 보고 싶습니다
분주하게 삽니다
아프고 고뇌할 시간을 주지 않고

온종일 동동 거리며 지냅니다
눈길 보내오면 손사래 치지 말고
대가 없이 봉사도 하면서
나누어 주고 베풀어 주면 흐뭇합니다
두뇌가 비어가는 건망증 세대지만
그래도 종일토록 입력시키려고 씨름하면서
뒤늦게 이루는 성취감도 남다릅니다
어깨 늘어지면 치켜세우고
어학공부 취미생활 건강운동으로
노인복지시설에선 팔십대 노인들까지
자기계발에 몰두하고 있습니다
등허리 할퀴는 세찬 바람
파도같이 밀려오는 소외감도
따스한 가슴과
이해利害에 얽매이지 않는 큰 지혜로
이를 이겨낼 수 있습니다
이런 가을에
흔들림 없이 나의 길을
뚜벅뚜벅 걸어가며 살고 싶습니다.

홍시

봉긋한 앞가슴 부끄러운 듯
붉디붉은 얼굴로 고개 숙이고

동료 떠나간 빈터에서
덩그러니 자리만 지키다가

지난 밤 꿈길에서 만난 님
두 손 잡고 백년 약속 손가락 걸었는데

아침에 까치 앉았다 날아간 곳을
곁눈질로 바라보고 있다.

방랑객

공원 벤치 위에 누워 있는
단풍나무 낙엽 하나
바위처럼 버티고 앉았다
사람들이 떠나간 자리
홀로 자리 지키면서
친구가 필요할까
옆에 가 앉았지만
눈길도 주지 않는다
살며시 부는 바람에
그가 꿈틀한다
잠을 못 이뤄 뒤척이는가 보다
바람아 멈추어다오
그가 벤치에서 길을 잃으면
영혼마저 떠나버린다.

겨울비

아직도 얼마만큼 서러움 남아
얼어버린 대지 눈물로 적시나

나뭇가지 솔잎마다 이슬 매달고
가랑잎도 눈시울 붉히며 엎드려 있다

뜨거운 설움 눈(雪)마저 녹여
땅속까지 스며드는

서산에 서성이는 노을아
너는 아느냐
대한 울린 숨겨진 원한을.

4

미완성 그림

철길

우리는
연인이라고 부르지는 말자
언제부턴가 외로운 들판에 나란히 누워
강산이 바뀌는 세월 속에서도
손 한 번 잡아보지 못하고
눈빛으로만 마주보고 있었다

우리는
일찍이 어버이 여의고
단둘이 부둥켜안고 살아온
오누이와도 같았지
비바람 몰아치고 쓰나미의 소용돌이 속에서도
흔들리지 않고 꿋꿋하게 견디어
그 누구도
우리 둘을 갈라 놓진 못 하였다

우리는
신앙을 위해 목숨을 바친
어느 성지의

동정부부童貞夫婦 순교자와도 같았지
무거운 짐과 쇳덩이에 짓눌리고
뭇 사람들이 짓밟고 지나간 자리
조금은 녹슬었지만
제 모습 그대로 의연했었다

우리는
평범한 지아비 지어미로 만나
희로애락을 묻어두고
애련愛戀에도 빠지지 않고
꾸밈도 거짓도 없이 살고 있는
그런 부부와도 같았지
서로의 길을 침범하지 않고
시작과 끝도 모르지만
그러나 가야만 할 오직 먼 길
마음과 마음이 맞닿은 피안 저 너머에서
두 팔 벌려 가슴으로 안아 보았다.

도자기

천도가 넘는 지옥불로 단련할 때
욕심을 불태웠고
미움마저 녹여버렸다

갈기갈기 갈라진 살갗을
다독이며 끌어안았다

지난날은 잊기로 했다
구석진 곳에서 미소만 보내고 있다
각이 없는 모서리엔 바람이 비껴간다

천 년의 혼이 깃든 가섭의 미소여.

미완성 그림

산다는 것은 백지 위에 그림을 그리는 것. 얼마나 멋있는 작품을 남기느냐는 당신 몫이다. 인생 시계를 되돌려 보면 나의 그림은 어떤 모양일까? 지난 여정의 화폭이 얼룩졌더라도 구겨서 버릴 일은 아니다. 다시 고쳐 그리면 된다. 떨어져나간 달력보다는 앞으로가 더 중요하지 않은가. 현재의 인생 그림은 미완성 상태. 죽을 때까지 완성해 가야 하는 예술 작품. 우리들 한 발짝 두 발짝 나가는 추진력은 발의 역할이다. 몸은 발 가는대로 따라갈 뿐 발을 어느 방향으로 내딛느냐가 중요하다. 발을 잘못 들여놓아 수렁에 빠질 수 있음은 우리들 삶속에서 자주 일어나는 일. 이제라도 발의 각도와 진로를 잘 잡아야 한다. 길 아닌 길 좇아가지 말고 높은 산 깊은 바다에 가로막혀 헤매지 않도록 밑그림을 고치고 다시 그려서라도 올곧은 방향으로 걸어가도록 하자. 검정 바지 파란 셔츠를 입는 건 그 후의 일이다. 앞으로의 삶은 밑그림에 맞춰 따라가면 된다.

가슴엔 고동이 잔잔히

살을 에는 바람이 등허리 할퀴는 밤
나뭇가지에 고즈넉하게 걸린 반쪽 달빛이
하루 한 끼 먹고 사는
먼 나라 아이들의 잠자리도 포근히 비춘다고 생각할 때
춥고 외로워 보이지만은 않습니다

죽음 기다리는 가난한 말기 암 노인으로부터
시신을 기증하고 화장해서 백골 뿌리고 조의금 받지 말고
조촐히 장례 치르라는 유언을 접했을 때

동냥하는 거지가
동냥 못하는 거지를 먹여 살린다는 기사를 읽었을 때
가슴엔 고동이 잔잔히 일렁입니다

소록도의 얼굴 뭉그러진 한센병 환자가
외면하려는 자기 모습을 애써 절제하며
건강한 사람과 대화를 이어 갈 때
손을 잡아주고 싶습니다

눈 내린 겨울 아침
창밖엔 소리 없이 하얀 눈 쌓이고
잿빛 검은빛 모두가 은빛 세상으로 바뀌었을 때
차별 없는 세상이 된 축복의 희열을 느낍니다.

인간들, 인간들

돈 나고 사람 났다는 물신주의에 빠진 인간들
사람 목에 목줄을 하고 개에 끌려가는 인간들
지하철 의자에 앉아 스마트폰 노예가 된 인간들
내비게이션이 지옥이라도 가리키면 따라가는 인간들
슈퍼에서 10원 거스름돈 계산 위해 계산기 두드리는 인간들
길에서 여자에게 넥타이 잡혀 질질 끌려가는 남자들
자기 집과 배우자 전화번호도 못 외우는 인간들
하느님은 교회에 살고 부처님은 절에 살고 있다고 믿는
인간들.

그리움이 사무쳐 입덧을

여자 나이 칠십 넘으면
바람 앞에 뒹구는 낙엽이라고
남정네 손잡고 추는 유희는
외도라고 남들은 불렀다

밥, 빨래, 청소 종신 계약 벗어나
푸른 꿈 바구니에 담아 보려
지갑 속에 피임약 가지고 다녔다

가까운 사람마저 떠나고
벼랑 끝에 서 있는 겨울나무
외로운 영혼 달래기 위해
그리움이 사무쳐 입덧을 해야 했다

멀지 않은 날
홀로 몸부림쳐야하는
출산의 아픔마저
나를 밟고 지나갈 것인가.

먼 사람 가까운 사람

한 알의 밀알이 썩어
많은 열매를 맺는 것은
종족 보존일 뿐이라고

촛불이 제 몸 태워
어둠을 비추는 것은
타고난 운명일 뿐이라고

자기 몸 죽어
새끼 먹이가 되는
가시고기의 최후는
약육강식일 뿐이라고

태양이 대지를 비추고
보름달이 둥글고 밝은 것은
자연의 법칙일 뿐이라고

그렇게 말하는 사람, 사람들
날줄과 씨줄로 엮은 사람 숲에 갇혀 산다.

제대祭臺 꽂꽂이

성당 제대 앞에
꽂꽂이 이름표의 백합
어느 사냥꾼의 칼날에
허리 잘려 잡혀 왔을까

죄명은 단 하나 아름다움
예수님 고상 앞에서
하루 종일 부동자세로
죗값 치르고 있다

쇠살에 찔려 핏물 빠져도
두 눈 감을 수 없음은
그의 얼굴에 머물고 있는
수많은 눈동자 두려워서다

눈요기에 불과했던 그
박제된 장식품 허물 벗어나
절규의 몸부림에서 순교의 기도까지
수없는 번뇌로 피어나는 백합꽃.

행복발전소

해바라기 닮아 권력 따라 얼굴 돌리고
굴러온 돌 안방에 똬리 틀고 앉아
세상 쥐락펴락 만능신이 되었다

이제
더 오를 곳 없는 자리
조물주까지 손안에 쥐고 흔드니
어린양들 숭배 열기가 하늘 찌른다

행복발전소라는 물신物神
이를 좇아다니는 무리들
큰 그릇에
욕심 담기 바쁘다

흰 옷 선비는 섬나라 쫓겨나
그 곳마저 산소 빠진 공기 가슴 메이고
푸른 숲 불에 타 재만 날아다닌다.

노인 찬가

강바람 싸늘하게 등허리 할퀴우고
휘감는 외로움도 갈가리 동여매어
육칠십 나이 맴도는 고개넘기 쉽도다

남풍이 불어오면 백발의 눈도 녹아
홍안의 고운미소 주름살 펴지누나
아련한 젊은날 추억 꿈이런가 하도다

노래와 풍물 소리 무정세월 묻어두고
남 돕고 나누는 일 노인은 못하리까
화살에 실려 온 세월 고이 보내 드리다

인간사 세상사는 순리를 배우고야
마음을 비웠느냐 욕심도 버렸는가
티끌에 오염된 마음 씻겨보고 싶도다.

이승 빚 갚고

가로등 불빛 멈춘 어두운 골목
고장난 내비게이션 손에 쥐고
지하방 세 모녀
길을 잃었습니다

낮이면 병마와 씨름하느라 몸살 앓고
밤이면 다리 웅크리고 꺼져가는 몸 누일 때
창틈으로 스며든 서릿발 달빛이 스산합니다

수많은 이웃 눈동자 허공 맴돌 때
10평 방에 침입한
번개탄 귀신은
그들을 주저없이 먼 길로 끌고 갔습니다

마지막 남긴 70만원 이승 빚 갚고
고양이와 함께 지구를 떠난 영혼
어디선가 바라볼 겁니다
이 세상 진흙탕 싸움을.

그대가 세상을 버렸는가

세상이
그대를 버렸는가
그대가
세상을 버렸는가

동지섣달 기나긴 밤
파도같이 밀려오는 외로움도
살을 에는 서릿발도
버티고 견디어낸
한 송이 국화였지

이제는
타고 남은 재마저
날아가 버린 빈터에서
찾을 길 없는
그대 모습

고통과 굶주림 없는 피안에서
사랑과 정의가 입 맞추는 그곳에서
영원한 안식을 누리소서.

변신

450여 년 타임캡슐에서 깨어나
현모양처 옷 벗어놓고
부덕婦德이란 이름표도 떼어냈다
사람들 가려운데 긁어 주는 매파로 분장해
검은 뒷거래 주인공역을 맡았다

물과 같이 낮은 곳 흐르기 마다하고
권력과 지위를 바라보며 거슬러 올라간다
황금만능 세상 우상이 되어
사람 쥐락펴락하는 신의 반열까지 꿈꾼다

세종대왕보다 높은 자리 올랐으나
바늘방석 앉은 듯 심장은 자맥질하고
백성들 배불리 먹이는 일보다
부자와 가난뱅이 편 가르고 있다

하늘 가까운 자리 뺏기지 않을까
애면글면 속 태우는 가슴
겉으론 미소짓는 얼굴 꾸미기 바쁘다
타임캡슐로 다시 돌아갈 날 잊은 채…….

산사의 부처님

바람 타고 날아와
법당을 두드려도
대답이 없네요

달빛 속에 숨어
창문 속으로 속삭여도
아무 기척 없네요

열린 문틈으로 엿보니
당신만 은은히
미소 짓고 있네요

천 년 한결같이
이어온 그 미소
중생들 아린 가슴
알고 있을까요

앞으로 몇 천 년을
당신은 그렇게
미소만 짓고 있을 건가요.

'고흐 10년의 기록전'에 부쳐

그는 그림을 그린 게 아니었다
영혼의 그림자까지 불살라
밀밭, 사이프러스 나무, 밤하늘 별마저
소용돌이 치는 생명으로
캔버스 위에 부활시켰다

가난과 우울증에 몸 떨며
태양 향해 꽃잎 열어젖힌
해바라기 불꽃 같은 가슴으로
헐벗고 굶주린 서민의 소박한 삶
마음의 고향 쉼터로 삼고
사람들 사랑하는 것이
예술임을 가르쳐 주었다

인간들 그물망에 허우적거리다
그의 마지막 혼 불태우며
권총으로 죽음 부른
생 레미 요양원, 오베르 마을
넓은 초원 푸른 하늘

납작 엎드린 집들 보듬다가
붓 하나 손에 쥐고 몸을 던졌다

'고통은 영원하다'
마지막 한 마디로 목숨과 바꾼
빈센트 반 고흐
꺼지지 않는 그의 혼불
귀 없는 자화상이 바라보고 있는
불멸의 세상에서 타오르고 있다.

5
북소리

집에 돌아올 때는 화살이었다

재래시장 지나다 울 엄니 만났다
보리고개 넘던 어린 시절
엄니가 시골장터 가는 날이면
아버지로부터 해방이었다
초가집 사립문 들썩이도록
매일 큰 소리에 짓눌려 살다
5일장 가는 날 아침부터
엄니는 쪽머리 기름 바르고
겨울을 이겨낸 봄날처럼 온 몸엔
생기가 돌았다

신발가게 옹기전 푸줏간
온종일 장터 순례하다가
해질 녘 돌아온 엄니는
살림살이 두어 개 머리에 이고
손에는 물 지난 고등어 한 손 뿐
이십여 리 읍내 길
집에 돌아올 때는 화살이었다

시끌벅적한 장터에서 돌아와
풀어 놓은 작은 보따리
다른 곳엔 눈길 가지 않았다
내 생각은 오로지 눈깔사탕 뿐
사탕 없는 보따리에 골낼 틈도 주지 않고
허리춤 열고 남몰래 꺼내주던
엄니.

북소리

둥 둥 둥
저 북소리는 아버지의 울음이다

가죽을 두드려
소리를 토해내는 것처럼
아버지도 몸을 두들겨
울음소리를 낸다

돈이 손에 잡히지 않을 때
아내가 등을 돌릴 때
아들딸이 고개를 젖혀 외면할 때

아버지의 마지막 자존심
울음 대신 북채로 몸을 두드린다

몸이 갈라져
피가 철철철 흐르는 소리
둥, 둥, 둥.

부부의 방정식

남편은 눈이 네 개
두 눈 아내 바라보고
두 눈은 다른 여자를 바라본다

아내도 눈이 네 개
두 눈은 남편 바라보고
다른 두 눈 남편 감시한다

숨겨둔 남편 두 눈
쉴새 없이 외출 나가고
보이지 않는 아내 두 눈
불안한 밤 지새우며 경계 서고 있다

아내는 남편 눈이
열 개쯤 된다고 의심하고
남편은 아내 감시 눈이
몇 배는 될 거라고 구시렁거린다

쫓고 쫓기는 휴전 없는 게임.

아내 어루만지기 계명

인명재처人命在妻
수신手身 제가
처화만사성妻和萬事成
진인사대처명盡人事待妻命

모바일을 달구는 아내 어루만지기 계명이다
남편은 집에서 청소를 하고
아내는 성장盛裝을 하고 저자를 활보한다
땅〔坤〕의 기운이 하늘〔乾〕을 찔러
하늘은 발바닥을 움츠리고 오금을 펴지 못한다
땅이 하늘의 정의를 바꾸자고
직무정지가처분 소송을 제기하였다
스마트폰 거울에 비친 다음 모습은?

아 옛 시절 그리움이여.

천생연분

오뉴월 개팔자 부럽잖아
어두운 침대에서 잠을 자거나
댓돌에 팔베개 베고 눕는다

게으름 피우기 싫증나면
문밖 나가 바람이나 쏘이고
먼 나라 여행도 간다

본디 나의 직분은 봉사와 섬김
비포장길 진흙길 마다 않고
온몸이 닳고 피투성이 되어도

쉽게 허물어지지 않는 늑골
하늘이 맺어 준 배필인 양
목숨 다할 때까지 주인을 지킨다.

떠나보내고 나서야

아내 없는 빈방을 걸레질하며
어머니께서 한 말씀 던지신다

나도 니 아버지와
사는 동안 심심찮게 다투었다
별것도 아닌 문제 가지고
생전엔 왜 그렇게
니 아버지가 웬수 같았는지
떠나보내고 나서야
못 잊는 게 부부라는 걸 알았다

애비야
에미 생일날 스카프 하나 사주고
결혼기념일은 밥이라도 같이 먹어라
그저 내 탓이라고 손잡아 주고
오순도순 마음 건네며 살아라

사는 게 별거냐
다 그런 것이여

네가 먼저 에미한테 전화해라
무조건 잘못했다고 혀.

언젠가 혼자 가야만 하는

가려는 님은 잡을 수 없습니다
손을 내밀며 붙잡으려 해도
되돌아 볼 님이 아닙니다
어차피 떠나보낼 바엔
아린 가슴을 달래보렵니다
지난 날 잠시 즐거웠던 사연은
앨범 속에 묻어두렵니다
채워지지 않는 욕망 그릇에
줍고 쓸어담으려 했습니다
모두가 지워진 여백
이젠 비움으로 채워가며
홀로서기 배우렵니다
언젠가 혼자 가야만 하는
그 길을 갈 때가 온 것뿐입니다.

네가 떠난 자리

나를 기다리고 있는 너를
기다리고 있었다
두 팔은 이미 전류가 흐르고 있었다
우리가 만나기로 한 그 자리엔
누군가 먼저 와 있었고
난 돌아서 올 수밖에 없었다
네가 문 열고 나간 자리
그 자리엔 네가 있다가
아니었다가 다시 너였다가
눈을 씻고 다시 보아도
네가 남겨 놓은 흔적은 없었다
눈앞에 아른거리는
너의 그림자
그리고 닫혀버린 문.

지울 수 없는 사랑

당신의 사랑하는 마음은
그릴 수는 없지만
읽을 수는 있었습니다

당신의 달콤한 속삭임보다는
다정스런 눈빛이
더 가슴을 흔들었습니다

내가 멀리 떠나가야 할 때
당신의 허공을 바라보는 동공에서
뜨거운 심장의 고동 소리를 들었습니다

온통 흰 눈에 쌓인 길
지워지지 않는 당신의 발자취
입맞춤하며 따라갑니다.

요동치는 심장은

그림 위에 손을 얹을게요
흰 종이 위에
당신의 가슴을 그려주세요

당신의 더운피 가슴이
몇 백 도가 되는지
고동의 외침까지 들어보렵니다

당신만의 향기로운 내음
세상을 앞서거나 못 따라가도
요동치는 심장은 지치지 않았습니다

숨길수록 나에게 아른거리는
당신이 걸치고 있는 보이지 않는 안경
어둠 비추는 사랑의 색깔입니다.

불꽃놀이

님 그리며 쓴 눈물로 얼룩진 편지
부칠 곳 없어 하늘로 쏘아 올려진 큐피드
타오르는 사연 가슴에 담아주는
어디선가 당신만 있다면
불살라 한 줌 재가 되어도
백 번 천 번 솟구쳐 올라도 서럽지 않은
어둠 밝히며 허공 맴도는 내 마음 알거야
알알이 조각되어 헤매는 내 마음 알거야.

동행

노부부의 사랑은
해로하며 사는 일
머리 위 쌓인 눈 입김 불어 녹여주며
춥고 시려움을 이기는 일
가슴 속 큰 주머니에 채웠던 욕심
하나 둘 덜어내면서 가볍게 사는 일
철길처럼 나란히 가는 길 소란 떨지 않고
그림자처럼 조용히 따라 가는 일
어쩌다 그림자 구부러지고 쓰러지면
바로 일으켜 주면서 손잡고 가는 일
어느 날 그림자 사라지면
임 따라 먼 여행 떠나는 일.

거대한 빙산

이승에서 맺은 고리
저승까지 못가더라도
슬플 때 같이 슬펐고
아플 때 같이 아팠다

피로 맺어진 요새
성난 파도에 흔들리지 않고
열기로도 녹여지지 않는
거대한 빙산

백년 고락 함께하고
저마다 길을 가다
무거운 육신 내려놓아도
천년만년 맥 이어갈
핏줄이란 이름.

하이힐 한 짝

눈 덮인 쓰레기더미에
반쯤 얼굴 내민
하이힐 한 짝이 스스럽다
지난밤 내린 눈으로
헛헛한 가슴 메우고
어딘가 손 잡아줄 분신을 기다린다
아닌 척 콧대만 세우고
흰머리 늘도록 시집 못 간
내 누님아.

작아지는 그림자

자식들 어릴 때
나와 손잡고 걸어가면
그들 그림자는
내 큰 그림자에 묻혀
보이지 않았다

날이 갈수록
내 그림자 작아지더니
어느날부터 보이지 않는다

거울 속에서
자식들에 가려
내가 보이지 않는 것처럼.

라텍스 부인

불 꺼진 침실은 열대의 사막
내 귀를 간질이는 등 뒤의 속삭임

당신과 함께 밤을 지새야 하는
나는 그대의 아바타

그녀에게 발을 얹는 것은
숨을 틔우는 사랑의 몸짓

젊은 시절 불꽃은 사그라지고
이제 뱃속의 가벼움만 헛헛하다

홀로 가야할 인생길
그래도 밤마다 안아주는 짜릿함은 있었다

불 꺼진 침실은 숨이 막히는데
귀를 간질이는 속살거림은 계속되고

뜬눈으로 보낸 푸석한 얼굴에
우윳빛 살결과의 포옹이 살갑다.

밤 비

밤을 지새우며
후두둑 내리는 빗방울

어둠 헤치고
헝클어진 머리로 찾아온 손님
나의 창문 세차게 두드리니
그냥 보낼 수는 없습니다

저 여린 빗방울 속에는
바윗돌 뚫는 힘이 숨어있는지
시들어가는 풀꽃 목숨
일으켜 세우는 힘이 있는지
낮은 곳 찾아 말없이
엎드려 가는 저 빗방울

당신의 수고로움에 비하면
내가 이 밤 지새움은
바닷가 한 알의 모래와 같이
아무것도 아니랍니다

난 이미 당신과 한 몸이 되어
이 밤 긴 여행을 떠납니다.

차림표

한 가족이 식당엘 들어갔다
그곳엔 다음과 같이 차림표에 가격이 붙어 있다

나, 배우자, 자식, 시부모, 친정부모, 강아지
도우미 이모, 자가용, 스마트폰, 골프

전 가족에게 이 차림표 중에서 제일 좋아하는 대로
순위를 매기라고 하였다
며느리가 제일 먼저 순위 매김을 끝냈다
다음으로 자식이 끙끙대며 순위를 매겼다
어린 자식들도 순위를 매기라고 재촉하니 할 수 없이
순위를 매겼다
마지막으로 부모 차례였다
그들은 순위를 매기지 못하고 울먹였다
아들 등에 업혀 나뭇가지 꺾으며 산속으로
꽃구경 가는 편이 낫다고 했다.

| 해설 |

현상의 이면을 포착하는 지각

| 작품해설 |

현상의 이면을 포착하는 지각
—이현원의 시세계

안재찬
(시인·한국문인협회 편집위원)

1

시에 있어서 보편성 원리는 읽어서 즐거움을 느껴야 하고 공감대를 형성하는데 있다. 시는 함축과 미학, 내포와 암시, 비유와 상징 등 개인적인 언어로 사상이나 정서를 압축하여 표현하는 언어예술이다.

시인의 직관력에 근거한 깨달음의 존재언어로써, 이는 상상력에 의한 새로운 의미를 표출한다는 점에서 일상적으로 사용하는 용어와는 구별된다.

시인 한 사람이 지어내는 한 편의 시작품은 한 사람의 인생체험을 오롯이 담아낼 적에 깊은 감동을 줄 수 있는 것이다.

시는 한 사물의 외형을 그리는 것이 아니라, 그 사물 속에서 가치나 본질을 발견하는 것이다. 이를테면 시인의 정신, 깨달음을 끌어내는 눈이 있어야 한다. 이 눈을 시안詩眼이라 한다. 사물을 어떻게 보고 어떠한 의미를 부여할 것인가는 시를 어떻게 쓸 것인

가에 대한 물음이다.

시는 언어로 그리는 그림이다. 시인은 생각하며 갈등하는 존재이다. 공자가 말하기를 '시에서 영혼이 깨어난다'고 했다. 영혼이 잠들면 죽음과 다를 바 없다. 곧 망한다. 상상력이 잠들면 개인도 그렇고 나라도 그렇고 다 망한다. 예술의 승부는 상상력에서 결판난다고 해도 과언이 아니다.

이현원 시인의 첫 번째 시집 『그림자 따라가기』는 총 80편이 실려 있다. 내면 탐구와 대 사회적 메시지, 자연사와 휴머니즘, 가족사나 사랑을 5부로 나누어 엮었다.

이현원 시인은 공영방송에서 국장직을 끝으로 정년으로 물러나고, 2013년 『문예사조』로 등단했다. 늦게 문단에 발을 디딘 늦깎이 시인이다. 방송국에서 잔뼈가 굵어서 그런지 사회를 보는 눈이 한쪽에 치우치지 않고 합리적, 실용적 노선을 추구한다. 충청도 청주 출신답게 대인관계가 매끄럽고 부드럽다. ①적을 만들지 않고 ② 매사가 성실하고 ③ 모범적이다. 언어 감각과 상상력도 젊은 시인 못지않아 신뢰가 간다. 사유가 깊고 본질을 찾아내는데 고뇌를 더하고 있어, 그렇고 그런 시인 중 하나가 아니라 주목을 해도 좋을 시인이다.

2

문학은 삶에 대한 태도를 교정하는 것이다. 어떠한 자세로 임해야 인간이 인간답게 행복하게 아름답게 살 수 있는가에, 화두를 던진다.

사르트르는 「문학이란 무엇인가」에서 문학의 참여는 개인의 자유에 기반을 둔 현실사회 비판과 새로운 사회를 향하여 자신을 내던지는 문학의 실천행위라 했다. 자유를 억누르는 모순된 상황과 부조리에 침묵하지 않고 저항하는 문학적 실천이 문학의 참여인 것이다.

시는 인간의 삶에 뿌리를 내리고 이를 바탕으로 하여서 미학적으로 형상화해 내는 언어예술이다. 삶의 속박으로부터 인간을 해방시켜 준다. 작품 구성에서 시적 상상력은 윤기 없는 대지를 적시는 봄비와 같이 왜곡된 삶을 새롭게 만들어 준다. 삶을 되돌아보게 하고 오도된 길의 행보나 의식을 바로잡아 준다.

가로등 불빛 멈춘 어두운 골목
고장난 내비게이션 손에 쥐고
지하방 세 모녀
길을 잃었습니다

낮이면 병마와 씨름하느라 몸살 앓고
밤이면 다리 웅크리고 꺼져가는 몸 누일 때
창틈으로 스며든 서릿발 달빛이 스산합니다

수많은 이웃 눈동자 허공 맴돌 때
10평 방에 침입한
번개탄 귀신은
그들을 주저없이 먼 길로 끌고 갔습니다

마지막 남긴 70만원 이승 빚 갚고
고양이와 함께 지구를 떠난 영혼
어디선가 바라볼 겁니다
이 세상 진흙탕 싸움을.

—「이승 빚 갚고」 전문

옛나 지금이나 나라가 태평하고 국민의 세상살이를 평안하게 하는 일에는 위정자의 책무와 사명이 으뜸자리에 존재한다.

국민자살율 하루 38명으로 OECD회원국 중 1위. 노인빈곤율 1위. 대기오염으로 조기사망자 세계 1위. 청년층 비정규직 노동자 64%. 지구 행복지수 60%. 노동자 상하 10%간 임금격차 5.6배이다. 우리 사회는 이제 금수저, 은수저, 흙수저로 신 계급이 형성되었다.

역사학자인 에릭 홉스봄은 21세기에서 인류를 지배할 사회적 주제는 분배라고 진단하고 있다. 우리 사회 상위 10%가 전체 부의 26%를 차지하고 있다. 빈부격차와 정의와 공평의 문제 등으로 사회는 빨간불이 켜져 있다.

2015년 기준, 우리나라 1인 가구는 전체 가구 중 27.2%이며 통계청 통계에 의하면 1인 가구 45%가 경제적 결핍인 저소득층이라고 한다.

몇 년 전 일이다. 이웃집 현관에 붙여놓은 쪽지 하나가 사회적 큰 울림을 준 사건이다.

"남는 밥과 김치가 있으면 나눠 달라"

한 많은 세상을 등진 삼십대 초반 여류 시나리오 작가의 죽음은 살아남은 자에게 '헬조선'을 각인시켜 주었다. 내가 사는 이곳이 너무 괴롭고 힘들고 재미없으니 이것이 헬조선이 아닌가. 그렇게 말이다. 누군가, 법을 다루는 힘 있는 사람이 말했다. 상상을 초월하는 "거액의 돈과 고급승용차를 거저 받긴 했으나 대가성은 없다." 사연 없는 뇌물이 과연 있기는 할까? 막강한 소수의 권력 앞에 돈이 춤을 추고, 법의 잣대도 덩달아 춤을 추고, 일용할 양식이 없어, 일자리가 없어 꺼져가는 목숨들, 무수한 죽음이 2016년 이 계절에도 멈추지 않고 있다.

마땅히 보호 받아야 할 세 모녀의 죽음은 복지의 사각지대를 되돌아보게 하는, 연탄불로 인한 지하방 자살사건이다. 살아생전 70만원 남은 돈으로 빚을 갚으려는 갸륵한 마음은 하늘도 무심은 하지 않을 것이다. 세상을 하직하는 마당에, 얼마나 마음이 순수하고 티가 없기에 울멍울멍 글씨로 마침표 하나 또렷하게 남기고 먼 길 갔을까. 현대시의 특성은 현재의 삶에서 상실감이나 비애라든가 자기 성찰이나 인간성 회복, 무기력이나 고독감 등 구원의식을 보여 주어야 한다. 셀프 아이덴티티(self-identity)를 뜻함이다.

니체는 '고난 속에 인생의 기쁨이 있다. 풍파 없는 항해, 얼마나 단조로운 것인가! 고난이 심할수록 내 가슴은 뛴다'고 했다.

역사는 이긴 자의 편이라고 말한다. 그러나 문학은 진 자나 좌절을 느끼는 자의 편에 서서 온기 있는 시선으로 관심을 두어야 한다. 문학적 일반상식이다. 아픔과 슬픔을 예술이라는 힘으로 현실을 왜곡하지 않고 작가적 휴머니즘으로 치유하지 않는다면 인간다운 삶을 추구함에 있어 문학의 효용가치는 초라할 수밖에 없다.

둥 둥 둥
저 북소리는 아버지의 울음이다

가죽을 두드려
소리를 토해내는 것처럼
아버지도 몸을 두들겨
울음소리를 낸다

돈이 손에 잡히지 않을 때
아내가 등을 돌릴 때
아들딸이 고개를 젖혀 외면할 때

아버지의 마지막 자존심
울음 대신 북채로 몸을 두드린다

몸이 갈라져
피가 철철철 흐르는 소리
둥, 둥, 둥.

—「북소리」 전문

북의 마구리인 가죽은 조금만 건드려도 수많은 속울음의 진동을 꺼내어 떨며 허공으로 퍼뜨린다. 어떤 경우에도 눈물을 함부로 보일 수 없는 아버지는 살아있음의 존재감을 일깨우며 몸을 두들겨 북을 친다. 몸속 견딜 수 없는 진동을 바깥으로 보내어 스스

로를 위로하고 마음을 다잡는다. 아버지의 비장감이 처연하다.

서정의 원리는 자기 동일성(identification)회복이다. 서정의 육화, 즉 경험의 세계가 육화인 것이다.

"시는 역사보다도 더 철학적이고 중요하다. 왜냐하면 시는 보편적인 것을 말하는 경향이 많고, 역사는 개별적인 것을 말하기 때문이다." 아리스토텔레스의 말이다. 시 속에는 삶의 보편적인 모습과 정서가 내부 안에 갖고 있음을 뜻함이다. 헤밍웨이는 「노인과 바다」에서 "남자는 파괴될 수 있지만 굴복하지 않는다."라고 말했다. 세계적 명작을 남긴 헤밍웨이는 대장부의 길을 갔다. 장총을 입에 물고 발가락으로 방아쇠를 당겨 최후를 마감했다.

'모든 책임은 내가 진다'고 어려운 일에 앞장서서 몸을 던지는 이 땅의 아버지는 견고한 유교적 사상에 뿌리를 두고 있다. 일찍이 남자는 눈물을 보여서는 안 되는 것이 세뇌되어 있다. 한때는 돈벌이 기계로 가정을, 가족을 지키고 마음과 몸이 부서지도록 일을 했다. 괴롭고 슬플 때 울고 싶어도 소리내어 울지 못하는 아버지가 북소리를 내며 일파만파 고달픈 심경을 가사 없는 악보로 세상에 고백하고 있다. 문명이 발달할수록 물질이 풍부해질수록 가장의 위상이 흔들리고 나약해진다. 생계를 위해 전전긍긍하는 이 시대 아버지들의 음울한 표상이 그려져 있다. 과도한 생계 부담과 황혼이혼으로 낮아진 부권은 회복할 기미가 보이지 않는다. 100세 장수시대에 가장인 아버지는 은퇴 이후 삶이 녹록치 않을 뿐만 아니라 사회적으로도 심각한 문제로 부각되고 있다. 초고령화 사회가 십여 년 전후로, 곧 닥쳐올 것이라고 전문가들은 진단하고 있다.

얼굴은 낡았어요/ 피도 살도 다 말랐어요// 아무 야망도 없이/ 흐느끼는 사람아// 쳐라, 더 세게/ 쳐라,/ 그대를 생각하며 낮게 울리라. 장석주 시인의 「북」 전문이다.

북가죽은 한 번만 쳐도 백여 번을 떨며 공중으로 날린다. 북소리는 귀에 닿음으로써 소임을 다하는 것인데 먼저 살과 가죽과 심장으로 입문하여 떨리는 것이다. 소가죽으로 만든 북은 소울음 소리가 날 것이고 말가죽으로 만든 북이라면 말울음 소리가 날 것이다. 생전의 소, 생전의 말이 되어 울음을 지을 것이다. 울고 싶을 때 울음을 터뜨리지 못하게 되면 생리를 거스른 일이고 동시에 울화병을 키우게 된다.

돈이 손에 없을 때, 아내가 등을 돌릴 때, 자식들이 외면할 때 울음 대신 북채로 몸을 두들기는 아버지. "쳐라, 더 세게 쳐라/ 쳐라,/ 몸이 갈라져/ 피가 철 철 철 흐르는 소리/ 둥, 둥, 둥." 장석주와 이현원 둘의 북소리는 아버지 몸을 대신하여 울음을 기다리고 있다. 참을 수 없는 이 슬픔 이 고통을 대신하여 울어주는 북.

이현원 시인은 북소리를 통해 아버지의 울음을 보아왔고 시인의 치유의 길 또한 답습하고 있는지도 모른다. 아버지가 그랬던 것처럼 눈물은 없고 몸속에서 진동으로 떨고 있는 서정의 악보가 뭉클하다. 북은 칠수록 맛이 난다는 속담이 있다. 무슨 일이나 하면 할수록 길이 나고 잘된다는 뜻이다.

나의 사물함에
불행을 가두었다

밖으로 못 나오게
그를 묶고 싶지만

잠시 보관하다
풀어주기로 했다

날개 달린 행복을
담아두기 위해서.

—「사물 보관함」 전문

이 시에서 불행을 시인의 첫사랑이나 바람으로 환치하면 웃음이 절로 솟는다. 아직도 이 하늘 아래서 숨 쉬고 있어 시간이 갈수록 해후의 충동을 일으킨다. 아내 몰래 만나 섬섬옥수 그 손을 잡고 옛적 단골로 다니던 고궁 돌담길이던가, 밤이 이슥토록 걷고 싶을 것이다. 분위기 좋은 곳에서 젊음이 활활 타오르던 그때 상황을 몸짓으로 재현하고 에너지를 공급받고 싶어 할 것이다. 어쩌면 운(?)이 좋아 긴 밤을 함께 나누고 싶어 할지도 모를 일이다. 남녀 관계는 예측불허일 때가 많은 법이니까. 그런데 현실은 녹록치 않다. 용납을 거부한다. 황홀에 젖어 아차하는 순간 욕심은 죄를 낳고 죄는 사망을 낳고. 죽을 때까지 조강지처를 살펴야 할, 아니 지켜야 할 위병으로서 책무를 소홀히 해서는 안 된다. 황혼이혼 주도권은 목소리 큰 아내에게 있으니까. 눈치 살피고 살 일이다.

유안진은 "시인은 모름지기 삶에서 지는 것이 이김이고, 시는 거짓말로 참말하기인 언어 경제학적 언어예술이다"고 했다. 그러기에 시는 이 「사물 보관함」 작품처럼 최소한의 언어로 최대한의 효과를 노린다.

상대성 이론을 수립한 아인슈타인은 "이제껏 인류가 성취하고 창조해낸 모든 것의 뿌리는 시와 사랑의 강 속에 있다." 물리학자의 시와 사랑의 위대함과 중요성을 인식한 무게 있는 말이다.

해바라기 닮아 권력 따라 얼굴 돌리고
굴러온 돌 안방에 똬리 틀고 앉아
세상 쥐락펴락 만능신이 되었다

이제 더 오를 곳 없는 자리
조물주까지 손안에 쥐고 흔드니
어린양들 숭배 열기가 하늘 찌른다

행복발전소라는 물신物神
이를 좇아다니는 무리들
큰 그릇에
욕심 담기 바쁘다

—「행복발전소」 부분

시경에 '천지를 움직이고 귀신을 감동시키는 데는 시보다 더 좋을 것이 없다'고 했다. 시에게서 지혜를 얻고 길을 물어야 마땅함이다. 시대가 어려울수록 시는 으뜸가는 길이다.

모름지기 시인은 미래변화를 직시하는 예언자적 예리한 눈이 있어야 한다. 오늘 맞닥뜨린 잘못된 과오를 지적하며 깨닫게 하는 역사적 안목을 갖고 시대를 앞서가야 한다. 물신이 종교가 된 이 시대를 바라보는 시인의 눈은 마땅히 젖어 있어야 한다. 달걀로 바위치기지만 물신숭배사상이 지구상에서 하루빨리 사라지도록 시인은 울부짖어야 한다. 영혼 없는 시인은 존재할 이유가 없다.

엘리엇은 말했다. "위대한 시인은 자기 자신에 대해 쓰면서 동시에 자기 시대를 그린다."

하이데거는 "시인은 신과 인간 사이의 존재자"라 했다. 신의 세미한 음성을 맨 먼저 알아차리는 사람이 시인임을 말한 것이다.

김수영은 "시인의 스승은 현실이다. 우리 현실이 시대에 뒤떨어진 것은 부끄럽고 안타깝게 생각하지만, 그보다도 더 안타깝고 부끄러운 것은 이 뒤떨어진 현실을 직시하지 못하는 시인의 태도다."

이 땅의 종교도 물신의 그늘에서 벗어나지 못하고 있음은 참으로 슬픈 일이 아닐 수 없다. 마음이 가난한 자는 어디로 가서 안식을 누릴 수 있을까. 작고 소외된 이웃은 어디로 가서 위로를 받을까. 물신을 거꾸로 표기하면 신물이 된다. 가난해도 이웃이 있고 형제가 있던, 어른이 있던 그 시절이 그리워짐은 시인만의 생각일까. 물신에 신물이 난다.

나는 잠자고 있는 게 아니다
잠자는 척하고
잠시 쉬고 있을 뿐이다
길게 누워 있기도 하고

때론 서서 눈감고 있기도 한다

나의 귀에
몸이 바지랑대처럼 말랐다고
키가 쪼그매 쓸모없어 버려야겠다고
쓴소리 단소리 들리지만
못 들은 척한다

내가 긴 휴식에서 깨어날 때는
까맣고 긴 똥을 백지 위에 싸기 위해서다
모아 놓은 힘 다해 짜내는
나의 냄새 없는 배설물은
어둠 밝히는 등불이 된다

가끔 내가 실수를 하여
싸기를 잘못해 치울 때는
전담 미화원이 따로 있다
등에 업힌 동무
금세 달려와 치워주는
지우개라는 해결사 짝이 있다.

—「연필」 전문

문학의 질료인 언어는 일상에선 의사소통의 도구이다. 시인에게는 자동화된 지각을 깨부수고 낯설게 하기로 새로운 영토를 넓

혀야 하는데 이는 감각과 인식의 문제이다.

시어는 소통 면에선 일상어의 대척점에 위치한다. 발상의 전환으로 새로운 삶의 통찰을 만나는 것은 고정된 실체와의 결별에서 얻어지는 것이다.

이현원 시인은 '연필'이라는 사물을 매개로 새로운 인식을 부여하고 있다. 연필이라는 존재는 시인에 의해서 새롭게 호명되어 주목을 받는다. 무명의 설움과 어둠을 뚫고 화려하게 출현한다. 예전의 몽당연필 수준이 아니라 공해시대에 "냄새 없는 배설물은 / 어둠 밝히는 등불이 된다."

인생을 살다보면 잘못을 저지를 때가 있을 것이다. 이럴 때 즉각 해결사 노릇하는 평생 동무가 있어 반듯한 길 가는 데 거침이 없다. "등에 업힌 동무/ 금세 달려와 치워주는/ 지우개라는 해결사 짝이 있다." 한 몸체에 5분대기조 비상망을 갖춘 격이다. 잘못을 저지르고도 잘못을 인정하지 않고 뻔뻔스럽게 뒤집어씌우거나 호도하는 일이 얼마나 많은가. 연필을 '어둠을 밝히는 등불'이라고 신생 언어를 통해 시인은 창조의 기쁨을 누리게 된다. 자신만의 언어를 창조하기 위하여 부단한 고뇌는 얼마며, 고독한 인내는 얼마였을까.

시란 것이 현실적 효용성으로 친다면 잉여에 불과하다. 무슨 현실적 값이나 숫자로 잡히지 않는 한가로운 형상이지만 언어예술로써 그 기능성은 결코 가볍지 않다. 시인의 대상에 대한 즉물적 묘사의 중시는 변화를 주고 보편적 감성으로 공감을 불러일으킨다. 개인 내면의 성찰로 탐욕스럽고 타락한 현실을 의인화와 상징과 비유로 정서의 일관성을 유지하며 메시지 전달이 확실하다.

시인의 감수성은 지성과 감성, 사고와 감성이 서로 융합되어서 통일을 이룬 상태를 말한다. 이현원은 이런 점에서 행보가 빠르다.

싹이 트이기를 기다리고 있다
단단한 껍질을 깨고
세상 밖으로 나오기만 한다면
나의 몸은 산산조각이 나도 좋았다
붉은 벽돌로 도배한 보도블록 위에
버림받은 듯 내던져진 나
사방이 높은 담으로 에워싼 감옥 안에서
말라 죽을지 모른다
지쳐버린 몸으로 하늘만 쳐다보다가
바람에게 떠밀려 그나마
조금씩 굴러다닐 수 있었다
겨우 몸 하나 들어갈 틈바구니에
상처투성이 육신을 눕혔다
무거워지는 눈꺼풀을 비벼대며
밤마다 맺히는 이슬방울 모아
자양분을 채웠다
목마른 열기 하나로
부화를 위한 온도를 맞추면서
새싹만 트일 수 있다면
나는 죽어도 좋았다.

—「풀씨」 전문

상상력의 착상은 발상에서 온다. 상상력을 '문학작품의 원동력'이라고 바슐라르는 말한 바 있다. 상상력은 대상을 주관적으로 해석하고 경험의 바탕 위에서 다시 구성한다. "목마른 열기 하나로/ 부화를 위한 온도를 맞추면서/새싹만 트일 수 있다면/ 나는 죽어도 좋았다." 희생을 통한 부활의 꿈을 그리고 있는 서정시다. 절망과 아픔을 희망으로 전환하는 언어예술이 시임을 보여 준 작품이라 하겠다. 내 몸이 산산조각 나고 죽음에 이르는 길이라도 하늘만 쳐다보고 한 가닥 희망의 끈을 놓지 않는 풀씨 정신이 참으로 눈물겹다. 아픔이 희망의 시작이고 절망이 재생 또는 부활에의 길로 변환하는 것이다.

삶의 길이 시의 길이다. 성찰의 표현미 가운데서 의미망의 무게가 실렸을 때 정서의 꽃봉오리는 마침내 향기를 피워내게 된다. "싹이 트이기를 기다리고 있다/ 단단한 껍질을 깨고/ 세상 밖으로 나오기만 한다면/ 나의 몸은 산산조각이 나도 좋았다." 시인은 자연에 대한 관심이 크고 또한 자연의 본성에서 삶의 가치를 찾는다. 주관적 감정표현 측면에서 관찰, 비유, 상징을 두루 사용하고 있어 작품의 완성도를 강화시켜 주고 있다. '풀씨'는 사람이 키우는 게 아니라 하늘이 키우는 것이다. 살고 죽음이 곧 하늘의 뜻에 달려 있음을 상기시키고 있다. 자연을 거스르며 사는 인간의 종말은 뻔하다. 내세에서 영생의 복을 누리며 산다는 것은 꿈도 꾸어서는 안 될 일이다. 씨를 뿌린대로 거둔다고 성서는 언급하고 있다. 이 땅의 보릿고개 시절 어머니의 헌신과 희생이 이 시를 통하여 클로즈업 되고 있다. 내 몸을 던져서라도 자식들만 잘 된다면, 오로지 이 한 길로 매진한 지난날 조선의 어머니가 풀씨를 통하여 가슴을 적시며 다가서고 있다.

잠깐 머무르다 떠날
인연이지만
헤어지지 말자
힘껏
껴안는다

네가 미워지지 않음은
주정뱅이 소매치기
모두 다 품어주는
너의 넉넉함 때문이다

뭇 사람들 오가는
가림의 공간은 없지만
부등켜안은 몸 놓기 싫어
마디마디 손자국을
삼각 팔찌에 새겨 놓았다.

—「지하철 손잡이」 전문

지하철은 대중교통에 있어서 독보적인 존재다. 누구에게나 정확하고 저렴하고 공평하다. 날씨와 계절에 따라 변덕을 부리지 않는다. 견고한 신뢰로 보통사람들의 사랑을 듬뿍 받는 으뜸 교통수단이다. 출퇴근 혼잡시간은 남녀노소 구별 없이 몸과 몸을 밀착시키며 땀 냄새를 맡게 해 준다. 이 땅의 서민으로서 더불어 살아가는 공동운명체임을 인식시켜 주기도 한다. 가끔은 성폭력이나 성희롱, 소매치기나 고성방가의 술주정뱅이나 잡상인과 예수를 파는 사람들을 만나 곤혹을 치르기도 하지만 끝까지 내치지 않고 껴안고 간다. 떠난 자리마다 애증의 흔적을 남겨 놓는 손잡이에는 상하나 빈부와 관계없이 모두 다 품어준다는 상징성의 표징으로써 의미를 갖고 있다.

셸리는 "시인은 꾀꼬리처럼 어둠 속에서 그 고독하고 감미로운 목소리로 노래를 부르며 사람들을 위로해 준다."고 했다. 세상과 인간을 향한 사랑과 위로로써 아픔과 슬픔을 어루만지는 가슴의 자리에 시는 존재한다는 것이리라.

3

이현원의 시세계는 자아의 세계화라는 서정시 고유원리를 잘 따르는 셈이다. 소외와 가난, 사회적 약자에 대한 연민의 정이 남다르다. 버림받은 삶을 따스운 가슴으로 조명하여 사회분위기를 환기시킨다. 이 시인은 보편적 감정과 가치를 아우르는 주제를 선정하여 공감의 폭을 넓히고 있다. 감각적인 사랑시나 감상적 자기고백시. 자연과 교감하며 하늘 섭리를 주지시키는 자연시. 한편으론 서정시에서 다루지 못하는 지성을 요구하는 모더니즘적 주지시에도 관심을 갖고 시의 지평을 넓히고 있다. 이 시인은 끊임없이 삶에 대한 근원적인 질문과 의미를 다루다 시간의 유한성을 지각한다.

이현원은 우리 시의 본류인 서정시의 힘과 미에 탐구하다가도

매너리즘에 빠지지 않고 새로움에 대한 도전의식이 아주 강하다. 활달한 상상력과 풍부한 감성은 앞날을 밝게 한다. 몇몇의 인용 시 외에도 시적 표현미와 명료한 진술, 수사기법상의 은유는 인상적이다. 시작詩作에 있어 사유의 너른 진폭은 무한 가능성을 예고하고 있다 하겠다.

이현원 시인은 마땅히 시가 해야 할 일, 곧 생의 아픈 흔적과 눈물에 공감하면서 그 근원을 탐구 사색하고, 치유와 함께 깨달음에 닿는 데까지 초점을 맞춘다. 그의 시세계가 밝을 뿐만 아니라 기대를 걸어도 부끄럽지 않는, 문단에서 오래 기억되는 시인이 될 것임을 확신하는 바다.

이현원 시집_ 그림자 따라가기

초판 인쇄 | 2016년 10월 10일
초판 발행 | 2016년 10월 15일

지 은 이 | 이현원
발 행 인 | 문효치
편집국장 | 김밝은

펴낸곳 | 사단법인 한국문인협회 月刊文學 출판부
주소 | 서울시 양천구 목동서로 225 대한민국예술인센터 1017호
전화 | 02-744-8046~7
팩스 | 02-743-5174
이메일 | klwa95@hanmail.net
등록 | 2011년 3월 11일 제2011-000081호
ISBN 978-89-6138-335-6 03810

값 8,000원